21 Suggestions pour aider à être en paix

Conception graphique et mise en page
Lucie Marcotte

Publié au Québec, 3ième trimestre 2016

Dépôt légal
ISBN 978-2-924668-50-4 (version .pfd)
ISBN 978-2-924668-51-1 (version imprimée)
Troisième trimestre 2016
Bibliothèque nationale du Canada
Bibliothèque nationale du Québec

Catalogage avant publication de Bibliothèque et Archives nationales du Québec et Bibliothèque et Archives Canada

Marcotte, Lucie, 1958-

    21 suggestions pour nous aider à être en paix

    ISBN 978-2-924668-51-1

    1. Tranquillité d'esprit. 2. Valeurs (Philosophie). 3. Paix (Philosophie). I. Titre.
II. Titre : Vingt-et-une suggestions pour aider à être en paix.

BF637.P3M37 2016   158.1   C2016-941530-9

21 suggestions
pour aider à être en paix

© Lucie Marcotte, 2016

Au fil des dernières années,
j'ai expérimenté beaucoup d'approches
pour nous aider à être en paix...
parce que je pense que la paix sur Terre
et notre expérience de la paix
avec le monde extérieur
et dans le monde
commence par la paix avec soi
et la paix à l'intérieur de soi.

En fait, je me suis demandée aussi
qu'est-ce qui peut nous aider à être en paix
et à vivre l'expérience concrète
des valeurs humaines et de la spiritualité,
pour que nous,
ceux qui sont déjà sur Terre
et qui le désirent,
et ceux qui y viendront,
puissions vivre l'expérience
de la paix sur la Terre,
de cette grande période de paix
et d'harmonie universelle
annoncée par les Maîtres spirituels ...

... et à laquelle de nombreuses espèces
et êtres de l'humanité
peuvent accéder
en élevant leurs consciences,
leurs taux vibratoires
et évoluant
vers des états d'être
de paix
et d'harmonie intérieure ...

… en ouvrant leurs cœurs à la Lumière
et à ses nombreuses expressions
que sont, par exemple, les valeurs
humaines et spirituelles
universelles

comme

l'Amour, la Paix, la Joie
la Compassion, la Gratitude
la Bonté de cœur, l'Appréciation
l'Abondance, la Sagesse
la Douceur, la Vérité
la Liberté, la Reconnaissance
la Conscience, l'Émerveillement
le Respect de la Vie et du sacré
l'Unité et la Paix intérieure
l'Unité et la cohérence avec
notre Essence spirituelle
la Foi dans la Lumière…

Je vous partage une petite liste
de suggestions
pour aider à être en paix.

Lucie Marcotte

1. Respiration

Amener l'attention au niveau du cœur.
Respirer calmement en conservant l'attention centrée au niveau du cœur.
Observer la respiration et en douceur, respirer de façon régulière et rythmique.
Observer et accueillir l'apaisement naturel.
Prendre le temps de se déposer calmement (physiquement et/ou intérieurement) et continuer de respirer de façon douce.
Prendre conscience et observer l'état de paix **intérieure.**

1. **Respiration**
2. **Se centrer dans le cœur**
   Amener l'attention au niveau du cœur et continuer de respirer en conservant l'attention centrée au niveau du cœur. Continuer vos activités en conservant votre attention centrée dans le cœur. Graduellement, avec conscience consciente, vivre en étant centré dans le cœur.

1. **Respiration**
2. **Se centrer dans le cœur**
3. **S'enraciner**

En conservant l'attention centrée dans le cœur,
visualiser et ressentir de bonnes racines
qui sortent sous la plante des pieds et
se déploient en harmonie avec le cœur
de lumière de la mère Terre.

Vous pouvez aussi vous aider avec une petite
goutte d'huile essentielle d'enracinement et
de nombreux exercices de yoga, Tai Chi, Chi
Gong, visualisations, éveil corporel, mouvement
fondamental, BrainGym TM, marche consciente,
et de nombreuses approches d'activités
physiques faites avec
conscience et sagesse
pour soi et pour le corps.
Vous pouvez aussi en émettre
l'intention par la parole
à voix haute ou à voix basse,
en étant centré dans le cœur.

1. **Respiration**
2. **Se centrer dans le cœur**
3. **S'enraciner**
4. **S'aligner**

En conservant l'attention centrée dans le cœur, s'aligner intérieurement avec notre Essence spirituelle et la Source.

Avec votre conscience, en étant centré dans le cœur, vous pouvez voir votre Lumière intérieure comme un petit point de Lumière ou un soleil dans votre cœur.

Lorsque vous amenez votre conscience dans ce point de Lumière, vous pouvez être éclairé et guidé par la Lumière de votre Essence spirituelle.

1. **Respiration**
2. **Se centrer dans le cœur**
3. **S'enraciner**
4. **S'aligner**
5. **Favoriser une bonne circulation de l'énergie dans le corps**

Alimentation énergétique saine.

Exercices et activités physiques.

Mouvements doux, simples et conscients de yoga, Tai Chi, Chi Gong, visualisation et autres approches d'harmonisation douces
pour le corps physique et les corps d'énergie.

Harmonisation énergétique sage et centrée dans le coeur (écoutez votre Lumière intérieure, sagesse et ressenti centré dans le cœur) pour les approches d'harmonisation des chakras et corps d'énergie, etc.

1. **Respiration**
2. **Se centrer dans le cœur**
3. **S'enraciner**
4. **S'aligner**
5. **Favoriser bonne circulation de l'énergie dans le corps**
6. **Prier**

Prier pour être éclairé.

Prier pour exprimer nos pensées de lumière.

Note – Prier en utilisant des termes positifs et bienveillants. Par exemple au lieu de prier pour « éviter » ou « ne pas » quelque chose, prier pour ce que vous voulez vraiment en étant centré dans votre coeur.

1. **Respiration**
2. **Se centrer dans le cœur**
3. **S'enraciner**
4. **S'aligner**
5. **Favoriser bonne circulation de l'énergie dans le corps**
6. **Prier**
7. **Méditer**

Méditer pour écouter les réponses à vos prières.
pour nous recentrer dans la Lumière,
pour amener notre attention dans votre coeur,
pour centrer notre attention sur notre Lumière
intérieure, notre soleil intérieur.

Méditation pour se centrer dans la Lumière.
Méditation pour apaiser les pensées et les
émotions.
(voir des exemples
à la page suivante)

Méditation pour se centrer ...

Centrer l'attention dans le cœur.

Observer la respiration, la flamme d'une bougie...

(centrer l'attention de façon paisible et dans la lumière).

Continuer de respirer en douceur.

Observer la respiration, l'air qui entre, l'air qui sort.

Avec conscience, amener l'attention dans le cœur ou selon l'intention de méditation.

Être, juste être présent à cet espace.

Paisible. Silence. Écouter.

Écouter notre sagesse intérieure

Écouter notre lumière intérieure,

Écouter notre intuition

Être dans un état de paix.

Méditer pour apaiser les pensées et émotions...

Un exercice de visualisation: observez les pensées et imaginez que « le train de ces pensées arrive à la gare et s'arrête en douceur et ressentez le calme, l'apaisement », puis... « observez les émotions et imaginez que les vagues d'une étendue d'eau s'apaisent et ressentez le calme, l'apaisement », et ramenez votre attention dans votre cœur et prenez le temps de vous y déposer, de vous asseoir doucement, respirez calmement...

1. Respiration
2. Se centrer dans le cœur
3. S'enraciner
4. S'aligner
5. Favoriser bonne circulation de l'énergie dans le corps
6. Prier
7. Méditer
8. Se reconnaître

Vous êtes un Être spirituel
qui vit une expérience sur la Terre.
Reconnaissez-vous… reconnaissez votre Lumière.
Votre Essence spirituelle est Lumière.

Prière de la Lumière:
Je suis dans la Lumière.
La Lumière est en moi.
La Lumière m'enveloppe.
La Lumière m'entoure.
La Lumière me guide.
La Lumière me protège.
Je Suis Lumière. Je Suis Lumière. Je Suis Lumière.

1. Respiration
2. Se centrer dans le cœur
3. S'enraciner
4. S'aligner
5. Favoriser bonne circulation de l'énergie dans le corps
6. Prier
7. Méditer
8. Se reconnaître
9. Fondations personnelles saines

Reconnaissance de soi.

Confiance et estime de soi.

Spiritualité et conscience du Tout.

Paix et unité intérieure.

Unité avec notre Essence spirituelle…

1. Respiration
2. Se centrer dans le cœur
3. S'enraciner
4. S'aligner
5. Favoriser bonne circulation de l'énergie dans le corps
6. Prier
7. Méditer
8. Se reconnaître
9. Fondations personnelles saines
10. Cohérence cardiaque

Amener l'attention dans le cœur.

Se rappeler et ressentir un sentiment positif et bienveillant, réel ou l'imaginer.
(exemple: gratitude, appréciation, émerveillement, paix, douceur, lumière, compassion...).

Continuer de respirer en gardant l'attention centrée dans le cœur et dans cet état d'être positif et bienveillant, respirer (inspir-expir) au moins 10 fois.

Continuer de respirer calmement de façon régulière et rythmique.
(exemples de rythmes: inspir-expir, inspir-retient-expir, inspir-retient-expir-repos)

1. Respiration
2. Se centrer dans le cœur
3. S'enraciner
4. S'aligner
5. Favoriser bonne circulation de l'énergie dans le corps
6. Prier
7. Méditer
8. Se reconnaître
9. Fondations personnelles saines
10. Cohérence cardiaque
11. Harmonie

En étant centré dans le cœur…
Harmonie avec soi
Harmonie d**ans les pensées**
Harmonie dans les paroles
Harmonie dans les actions
Harmonie dans les émotions
Harmonie et dans les façons de penser
Harmonie avec la Vie
Harmonie avec d'autres expressions de la Lumière: la nature, les règnes, les éléments, les minéraux, les animaux, les êtres, la Terre, l'univers, la Création .
Harmonie, bienveillance, compassion, …

19

1. Respiration
2. Se centrer dans le cœur
3. S'enraciner
4. S'aligner
5. Favoriser bonne circulation de l'énergie dans le corps
6. Prier
7. Méditer
8. Se reconnaître
9. Fondations personnelles saines
10. Cohérence cardiaque
11. Harmonie
12. Communications positives et bienveillantes

Harmonie dans le langage verbal

Harmonie dans le langage non verbal

Harmonie dans le langage écrit

Harmonie dans l'expression créative et avec les arts

Harmonie dans l'état d'être

Harmonie dans notre énergie

Qualité de présence

pour être, s'exprimer, écouter...

dans un état de paix intérieure...

1. Respiration
2. Se centrer dans le cœur
3. S'enraciner
4. S'aligner
5. Favoriser bonne circulation de l'énergie dans le corps
6. Prier
7. Méditer
8. Se reconnaître
9. Fondations personnelles saines
10. Cohérence cardiaque
11. Harmonie
12. Communications positives et bienveillantes
13. Valeurs humaines et spiritualité

En étant centré dans le cœur… écoute de la Lumière intérieure… prendre conscience des valeurs fondamentales, Connaissance et Sagesse… Expression concrète des valeurs humaines et de la spiritualité, de la Lumière… à la base des projets, apprentissages, activités, expériences de vie. Rayonnement de la Lumière, harmonie avec et au service de la Vie, accompagnement des êtres avec conscience.

1. Respiration
2. Se centrer dans le cœur
3. S'enraciner
4. S'aligner
5. Favoriser bonne circulation de l'énergie dans le corps
6. Prier
7. Méditer
8. Se reconnaître
9. Fondations personnelles saines
10. Cohérence cardiaque
11. Harmonie
12. Communications positives et bienveillantes
13. Valeurs humaines et spiritualité
14. Santé globale

Prendre soin de sa santé globale:
santé spirituelle,
physique,
émotionnelle,
psychologique,
mentale,
énergétique,
relationnelle…

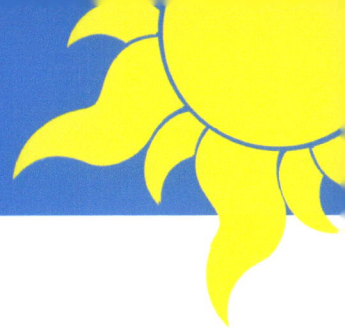

1. Respiration
2. Se centrer dans le cœur
3. S'enraciner
4. S'aligner
5. Favoriser bonne circulation de l'énergie dans le corps
6. Prier
7. Méditer
8. Se reconnaître
9. Fondations personnelles saines
10. Cohérence cardiaque
11. Harmonie
12. Communications positives et bienveillantes
13. Valeurs humaines et spiritualité
14. Santé globale
15. Écoute des messages de sagesse du corps

Écoute des messages de sagesse du corps, du ressenti, de l'intuition, des perceptions centrées dans le cœur, de notre Sagesse et Lumière intérieure. En étant centré dans le cœur, observer, départager le vrai du faux, paix, pardon, compassion, guérison, harmonisation.
Choisir d'être en paix, vérité, Lumière…

1. Respiration
2. Se centrer dans le cœur
3. S'enraciner
4. S'aligner
5. Favoriser bonne circulation de l'énergie dans le corps
6. Prier
7. Méditer
8. Se reconnaître
9. Fondations personnelles saines
10. Cohérence cardiaque
11. Harmonie
12. Communications positives et bienveillantes
13. Valeurs humaines et spiritualité
14. Santé globale
15. Écoute des messages de sagesse du corps
16. Confiance - potentiel naturel d'auto-harmonisation

Confiance en notre potentiel naturel de santé, de Sagesse, d'harmonisation et auto-harmonisation, guérison et auto-guérison.

Note- ceci ne remplace pas un avis ou un traitement médical. Cela nous invite à prendre conscience, participer, nous rappeler, auto harmoniser...

1. Respiration
2. Se centrer dans le cœur
3. S'enraciner
4. S'aligner
5. Favoriser bonne circulation de l'énergie dans le corps
6. Prier
7. Méditer
8. Se reconnaître
9. Fondations personnelles saines
10. Cohérence cardiaque
11. Harmonie
12. Communications positives et bienveillantes
13. Valeurs humaines et spiritualité
14. Santé globale
15. Écoute des messages de sagesse du corps
16. Confiance - potentiel naturel d'auto-harmonisation
17. Être en paix avec et dans notre corps

Être en paix avec notre corps.
Être en paix dans notre corps.
Habiter notre corps. Sourire et rire!
Cela favorise la sécrétion naturelle des hormones et neurotransmetteurs de bien-être, de libération de la douleur, de guérison, du bonheur !

1. Respiration
2. Se centrer dans le cœur
3. S'enraciner
4. S'aligner
5. Favoriser bonne circulation de l'énergie dans le corps
6. Prier
7. Méditer
8. Se reconnaître
9. Fondations personnelles saines
10. Cohérence cardiaque
11. Harmonie
12. Communications positives et bienveillantes
13. Valeurs humaines et spiritualité
14. Santé globale
15. Écoute des messages de sagesse du corps
16. Confiance-Potentiel d'auto-harmonisation
17. Être en paix avec et dans notre corps
18. Prendre soin de notre corps

Se centrer, s'enraciner, s'aligner, énergie personnelle. Harmonie et paix intérieure. Repos, régénération. Aliments et énergie saine. Célébrer la vie! Mouvements doux, simples et conscients. Activité physique avec conscience, respect, bienveillance.

1. Respiration
2. Se centrer dans le cœur
3. S'enraciner
4. S'aligner
5. Favoriser bonne circulation de l'énergie dans le corps
6. Prier
7. Méditer
8. Se reconnaître
9. Fondations personnelles saines
10. Cohérence cardiaque
11. Harmonie
12. Communications positives et bienveillantes
13. Valeurs humaines et spiritualité
14. Santé globale
15. Écoute des messages de sagesse du corps
16. Confiance - potentiel naturel d'auto-harmonisation
17. Être en paix avec et dans notre corps
18. Prendre soin de notre corps
19. S'épanouir, développer notre potentiel, se réaliser

Vivre en étant centré dans le cœur
Épanouir nos qualités d'Être,
le rayonnement de notre Lumière,
développer notre potentiel, nous réaliser.

1. Respiration
2. Se centrer dans le cœur
3. S'enraciner
4. S'aligner
5. Favoriser bonne circulation de l'énergie dans le corps
6. Prier
7. Méditer
8. Se reconnaître
9. Fondations personnelles saines
10. Cohérence cardiaque
11. Harmonie
12. Communications positives et bienveillantes
13. Valeurs humaines et spiritualité
14. Santé globale
15. Écoute des messages de sagesse du corps
16. Confiance - potentiel naturel d'auto-harmonisation
17. Être en paix avec et dans notre corps
18. Prendre soin de notre corps
19. S'épanouir, développer notre potentiel, se réaliser
20. Vivre l'instant présent

Recentrer l'attention pour être présent ici et maintenant . Vivre l'instant présent en étant centré dans le cœur.

21 Suggestions pour aider à être en paix

1. Respiration
2. Se centrer dans le cœur
3. S'enraciner
4. S'aligner
5. Favoriser bonne circulation de l'énergie dans le corps
6. Prier
7. Méditer
8. Se reconnaître
9. Fondations personnelles saines
10. Cohérence cardiaque
11. Harmonie
12. Communications positives et bienveillantes
13. Valeurs humaines et spiritualité
14. Santé globale
15. Écoute des messages de sagesse du corps
16. Confiance - potentiel naturel d'auto-harmonisation
17. Être en paix avec et dans notre corps
18. Prendre soin de notre corps
19. S'épanouir, développer notre potentiel, se réaliser
20. Vivre l'instant présent
21. Choisir d'être en paix. Être en paix. Être paix. Être

Centré dans le cœur, intégrité et vérité avec soi.
S'aimer totalement, profondément, inconditionnellement.

29

Projets basés sur les valeurs humaines

21 suggestions pour aider à être en paix

1. Respiration
2. Se centrer dans le cœur
3. S'enraciner
4. S'aligner
5. Favoriser bonne circulation de l'énergie dans le corps
6. Prier
7. Méditer
8. Se reconnaître
9. Fondations personnelles saines
10. Cohérence cardiaque
11. Harmonie
12. Communications positives et bienveillantes
13. Valeurs humaines et spiritualité
14. Santé globale
15. Écoute des messages de sagesse du corps
16. Confiance - potentiel naturel d'auto-harmonisation
17. Être en paix avec et dans notre corps
18. Prendre soin de notre corps
19. S'épanouir, développer notre potentiel, se réaliser
20. Vivre l'instant présent
21. Choisir d'être en paix. Être en paix. Être paix. Être.

www.ingramcontent.com/pod-product-compliance
Lightning Source LLC
LaVergne TN
LVHW072129070426
835513LV00002B/39